너를 위한 노래

너를 위한 노래

한국여성시인 시선집

김여정 김후란 신달자 유안진 최금녀 허영자

Edia

머리말

한국 문단을 대표하는 시인 김여정 김후란 신달자 유안진 최금녀 허영자 선생님의 시 작품을 선보이게 되어 기쁘게 생각합니다. 특별히 한국 여성 시인들의 대선배 시인으로서 치열한 시 정신과 문학에 대한 열정으로 지난 60여 년 동안 꾸준히 시 작품을 써오신 분들께 이 시선집과 함께 존경의 마음을 담아 보냅니다.

1960년대, 70년대 등단 이후에 수백 편이 넘는 좋은 작품을 많이 쓰셨지만, 시인마다 열 편만 싣게 되었습니다. 앞으로 한국 시문학을 알리는 데 도움이 되도록 영어나 독일어를 비롯한 외국어로 원문의 뜻에 가깝게 번역이 가능한 작품을 우선하여 실었습니다.

섬세한 감성과 삶의 통찰력, 자연과 생명에 대한 깊은 이해와 사랑, 분단의 나라 한국의 굴곡진 역사의 소용돌이와 삶의 파도를 꿋꿋하게 헤치며 한국 시문학의 길을 걸어오신 한국 여성 시인들의 시 작품이 세계에 널리 알려지고 애송되길 희망합니다.

2024년 1월
유한나

차례

　머리말·4

김여정
남해도·10
맑은 꽃·11
봄 들판에서·12
석류나무 한 그루·14
안개 개론·16
다 떠나보내고 난 후에야·17
흐르는 시간, 그 꽃다움·18
풀꽃 목걸이·20
한강의 하루·22
게·24

김후란
박물관에서·26
무인도·28
달걀·29
살아있는 기쁨·30
누가 장미 가시를 두려워하랴·32
달아·33
별을 따는 밤에·34
소망·36
꿈길·37
살아있는 망각의 땅, 비무장 지대·38

신달자   불꽃·42
그리움·43
나의 어머니·44
너의 연인이 되기 위해·46
간절함·48
폭설·50
용서·51
열애·52
너를 위한 노래·54
너의 이름을 부르면·56

유안진   방향·58
양털구름·59
낙엽이 낙엽에게·60
가을·61
비 가는 소리·62
갈대꽃·64
들꽃 언덕에서·65
세한도 가는 길·66
봄의 미행·67
동행·68

최금녀 돌확 • 70
이별 • 72
강릉 • 73
물드무 • 74
어미 • 76
도라산역 • 78
바람에게 밥 사주고 싶다 • 80
나 홀로 • 81
육필시 한 편 • 82
한 줄 혹은 두 줄 • 84

허영자 무제 • 88
감 • 89
자수 • 90
완행열차 • 92
얼음과 불꽃 • 93
은발 • 94
투명에 대하여 - 풍선 • 95
투명에 대하여 - 숨어있는 투명 • 96
무지개를 사랑한 걸 후회하지 말자 • 98
마리아 막달라 - 오묘한 섭리 • 99

시인 약력 • 100

시인의 성명 가나다 순으로 수록하였습니다.

김여정

남해도
맑은 꽃
봄 들판에서
석류나무 한 그루
안개 개론
다 떠나보내고 난 후에야
흐르는 시간, 그 꽃다움
풀꽃 목걸이
한강의 하루
게

남해도 南海島

어쩌다 외톨박이
귀 떨어진
몸

무슨 죄
무거워
내던져졌기로

조상도 모르는 채
동백꽃만 피우는고.

맑은 꽃

눈물보다 더 맑은 꽃이 있을까
4월은 꽃이 많은 계절
4월은 눈물이 많은 계절
맑은 꽃 속의 샘물에 뜨는 별
예사로이 보면 안 보이는 별
별이 안 보이는 눈에는
눈물이 없지
사람들은 꽃만 보고
눈물은 보지 않는다
사람들은 샘물만 보고
별은 보지 않는다
광장에는 꽃의 분수
4월의 눈물이 솟는데.

봄 들판에서

캄캄한 밤길 걸으면서도
우리가 좋은 사람 손 잡으면
가슴에 백 촉 밝은 불 켜지듯

어두운 땅속에서
좋으신 그분 손에 이끌려
이제 해맑은 얼굴로
지상으로 나오는
저 어여쁜 생명의 불꽃을 보라

햇살도 저것들을 위해서 비치고
바람도 저것들을 위해서 불고
강물도 저것들을 위해서 흐르는
봄 들판에서
친구여, 우리도
캄캄한 밤길 걷는 사람들

어두운 가슴에
백 촉 사랑의 불 켜는
좋은 이웃 될 수 없을까

우리가 먹는 밥이
기둥이 되고
우리가 입는 옷이
지붕이 되어
봄 들판에서 어여쁜 생명의 왕국 하나씩 세우는
풀꽃들처럼
우리 마을에 따뜻한 불빛이 환한
집 한 채씩
이 봄에 세울 수 없을까

그래서
햇살도 이리로 비치고
바람도 이리로 불고
강물도 이리로 흐르게
할 수 없을까
친구여!

석류나무 한 그루

언제 누가 심었을까
나도 몰래

나도 몰래
석류나무 한 그루

내 가슴 속에 자라서
어느새 탐스럽게 열린
석류에
노을이 스며들고
일몰의 태양이 빠져들어
터진 껍질 속에서
번뇌의 별들 알알이 빛날 때
아, 그제야
나도 몰래
석류나무 한 그루

내 가슴 속에 자라고 있었음을
알았네.

안개 개론

옛날 수줍은 시골 처녀다
부끄러워 세모시 수건으로 얼굴 가렸다

어머니 가슴 속이다
늘 자식들 근심으로 자욱하다

남녀의 사랑이다
상대의 마음은 항상 오리무중五里霧中이다

무지개다
아무리 좇아도 잡을 수 없고 만질 수 없다

인생이다
죽는 날까지 앞일이 안개 속이다.

다 떠나보내고 난 후에야

다 떠나보내고 난 후에야 안다
침묵의 행복을
행복의 적막을
적막의 반란을

진실로 다 떠나보내고 난 후에야 안다
풀잎의 비애를
비애의 용암을
용암의 절규를

허물 벗고 날아가 버린
꿈의
무화無化를
무화無化의 산란散卵을.

흐르는 시간, 그 꽃다움

질척이던 어둠도
쑤시던 아픔도
지나고 나면
모두 꽃떨기 되어
열리는, 시간의 영험이여

뼛속 깊이 뻗쳤던
골수의 병도 가셔
매화 꽃봉오리
발그레한
사랑의 새움으로
돋아나는, 시간의 신비여

새벽기도는
아침의 새가 되어 날고
새벽 바다는

흠모의 정으로 출렁이고
새날은
새 얼굴로 태어나는
이슬 같은, 시간의 영롱함이여

나는 오늘
내 위를 흐르는 시간의
그 꽃다움에
돋보기를 벗고 눈이 밝는다.

풀꽃 목걸이

한평생
가슴에 사랑의 햇풀만을 키우다 죽은
여인에겐
천년을 시들지 않을
풀꽃 목걸이를 걸어 주어도 좋으리

한평생
뼈마디 마디에
순정의 햇풀
한 잎 한 잎을 피워내며
그 한 잎 한 잎에
춤추는 날개를 달아주다 죽은
여인에겐
만년을 시들지 않을
풀꽃 목걸이를 줄줄이 걸어주어도 좋으리

그러면,
천만년 후에
그 무덤은 날개가 되리
춤추는 숲이 되리
숲속을 흐르는 냇물이 되리.

한강의 하루

밤새 하늘을 고이 접어 가슴에 품고
별들의 이야기 풀벌레들의 노래를
알 듯 모를 듯 조용히 아로새기며
물길을 따라 꿈길을 열어가던
한강아,

밤새 말갛게 말갛게 씻어 닦은
햇덩이를
새벽녘에 지상으로 내보내어
사람들의 하루 일용할 양식인
무공해 희망을 아침 밥상에 올려주는
고맙고 고마운 내 사랑하는
한강아,

튼튼한 우리의 심장 우리의 허파
향기로운 허브이고 대동맥인 강이여,

우리는 사랑할 때 너에게로 가고
우리는 외로울 때 너에게로 간다
기쁠 때는 폭죽을 터뜨리고 불꽃을 찬란히 피워 올리며
목이 터져라 함성을 지르기도 하는
다시없는 우리 자유의 공간 한강아,

물결을 따라 유유히 노니는 가마우지 떼
허공에 평화의 그림을 그리며 나는 물새들
물속에 시를 쓰며 헤엄치는 물고기들
너의 품은 참으로 넓고도 크다

우리는 축제의 밤에 유람선을 탄다
그리고 우리는 환상적인 풍경에 잠시 넋을 잃는다
물속에 산호초처럼 일렁이는
오색 불빛의 물그림자
살아 있음의 기쁨을 주는 너 한강이여, 영원하라.

게

달밤 바닷가에 게 한 마리 걷고 있다
게 등 위에 둥근 달이 업혀 가고
업혀 가는 달 속
어머니 배 속에 아이 하나
웅크린 품속에 지구의地球儀를 안고 있다

깊고 푸른 밤의 지구의地球儀 속
게에게서 빠져나온 천만의 알이
달빛 환한 바닷가에서
배꽃으로 활짝 꽃피고 있다

밤 파도 소리에 귀를 열고
빈속을 달빛으로 채우며
별이 된 모래알에 발을 묻으며
역사의 사막 위를
허적허적 게 한 마리 걷고 있다.

김후란

박물관에서
무인도
달걀
살아있는 기쁨
누가 장미 가시를 두려워하랴
달아
별을 따는 밤에
소망
꿈길
살아있는 망각의 땅, 비무장 지대

박물관에서

오래된 유물이
박물관 유리 벽 안에서
흔들린다

그 옛날
누군가의 손으로 살려낸
부드러운 선線
잦아든 숨결
가슴으로 속삭이는
예민한 흔들림에 이끌려

들여다보고 꿰뚫어 보고
말없이 대화를 나누며
이름 모를 장인匠人의
높은 길에 다가선다

오늘
그대도 나를 보고 있는가
떨리는 내 숨결 느끼는가.

무인도

그 넓은 바다에
기댈 곳 없이 떠 있는 섬
외로운 섬

기슭을 치는 물살에 몸을 떨며
아득한 수평선을 바라본다

새들이 날아가다 잠시 쉬었다 가는
그 작은 날갯짓만이
파도에 젖어있다

친구 하나 오지 않는 허전함 속에
기다림에 익숙한 무인도
내 가슴에 젖어 드는
착한 그 섬의 숨소리

달걀

이 세상에 태어나
눈도 코도 입도 없는
무명둥이라 한다면…
맨몸으로 나선 세상
있음이 없음이요 없음이 있음이라
닫힌 벽 그 안에 향기가 있고
출렁이는 심장
안으로 충만한 생명의 오묘함
그 깊은 침잠을 깨고 눈뜨는 생명이여
고통도 희망의 계단
죽은 듯 살면서
놀라운 세계를 호흡하며

살아있는 기쁨

세상이 아무리 넓다 해도
우주가 아무리 크다 해도
나 없으면 불은 꺼지고
나 없으면 모든 빛 눈을 감는다

살아 있다는 건 얼마나 고마운 일인가
풀벌레 우는 소리 담 너머 울리고
새벽이면 긴 팔 뻗어
내 어깨 흔드는 햇살

소중하여라 오늘도
나를 일으켜 세우는 힘
신비하여라 흐르는 세월의 강물
기다림을 입에 물고 쳐다보는
내일 모레 글피

또다시 내일 모레 글피

우주는 청순한 부챗살로 열린다.

누가 장미 가시를 두려워하랴

만남과 헤어짐이 운명이라면
가슴 찢기는
이별의 아픔 딛고
차라리 릴케의
날카로운 장미 가시에 찔려
소리 없이 내뿜는 눈물을 닦으리

누가 장미 가시를 두려워하랴?

경건하게 애틋하게
장미 향기에 취해
나직이 노래 부르며
나 바람에 실려 가리
깃털처럼 고요히

달아

달아!
후미진 골짜기에
긴 팔을 내려
잠든 새 깃털 만져주는 달아!
이리 빈 가슴 잠 못 드는 밤
희디흰 손길 뻗어
내 등 쓸어주오
떨어져 누운 낙엽
달래주는
부드러운 달빛으로

별을 따는 밤에

유연한 몸짓 하나로
억겁을 사는 강물은
한 방울 한 방울이 해체되고
다시 결속하여
깊은 아름다움으로 일어선다
별들을 품은 만삭의 어머니다

시간은 강이다
때로는 몸부림치며 달려간다
누구도 앞질러 뛰어갈 수 없는
강물로 그려지는
실체다

뒤를 돌아볼 수 없는 강물이기에
돌아본들 손잡을 수 없는 날들이기에
우리의 삶은 꿈이런가

나는 매일 밤 별을 보면서
내 어머니처럼 손을 뻗어 별을 따다가
시간을 업고 달려가는 강물에
몸을 던진다.

소망

생애 끝에 오직 한 번
화사하게 꽃이 피는
대나무처럼

꽃이 지면 깨끗이 눈감는
대나무처럼

텅 빈 가슴에
그토록 멀리 그대 세워 놓고
벼랑에 부서지는 시간의 모래톱
벼랑 끝에서 모두 날려 버려도

곧은 길 한마음
단 한 번 눈부시게 꽃 피는
대나무처럼

꿈길

산은 쌓여가는 인생이요
강물은 굽이굽이 흘러가는 세월

우리 뒤돌아보지 말자
산은 여전히

아름다운 자태로 솟아있고
저 강물 가슴 적시는 추억이어라

물무늬 현란한 세월의 흔적
눈부신 비단 자락 곱게 엮어서
추운 내 어깨에 두르고 싶어라

내 목소리가 산자락 감도는
맑은 노래이면 좋겠다.

살아있는 망각의 땅, 비무장지대

그곳에는 소리가 없다
그곳에는 만남이 없다
그곳에는 어제만 있고
태양도 절반만 떴다가 지나간다

고통의 강이 가로지른 비무장지대
숨겨둔 애인 그리워하듯
사람들은 꿈길에서만 오간다

반세기 전에는 그 벌판에서도
아이를 낳고
밥 짓는 연기가 올랐었다
뛰노는 아이들 웃음소리
마을에 골짝에 울려 퍼졌었다
정겨운 논밭, 산과 들
샘물과 나무와 풀뿌리들

사철 싱그러운 자연의 숨결

아름다운 혼 자리여! 무덤이여!
살아있는 망각의 땅, 비무장지대에는
남북이 찢겨 포화에 산화한
아픈 혼령들이
우거진 원시림 속에 누워 있다

그러나 결코 죽음의 길이 아니다
언젠가는 정녕 다시 살아나
바람 속에 일어서는 생명들 있으리
날갯짓 화사한 새 떼
하늘에 길 열어 오가듯이
우리 겨레 마음 놓고 그 땅 걸어 다니리.

신달자

불꽃
그리움
나의 어머니
너의 연인이 되기 위해
간절함
폭설
용서
열애
너를 위한 노래
너의 이름을 부르면

불꽃

불꽃이 불꽃을 물고 불꽃 덩어리를 만나네

사랑이 그러했네

시커먼 그을음의 무늬가 사랑의 악보이니라.

그리움

내 몸에 마지막 피 한 방울
마음의 여백까지 있는 대로
휘몰아 너에게로 마구잡이로
쏟아져 흘러가는
이 난감한
생명 이동.

나의 어머니

한 송이 꽃인가 하고 다가서면
차라리
한 그루 나무
한 그루 나무인가 하고 다가서면
차라리
한 덩이 바위
한 덩이 바위인가 하고 우러르면
듬직한 산이셨습니다

그러나
어머니는
꽝꽝 언 대지 안에
사랑을 품고 키우는
겨울 뿌리
얼음 속에서도 얼지 않는
생명이셨습니다

달빛 받는
외짝 신발처럼
홀로 울음을 가누는
고독한 성자

눈물과
땀과
피
남김없이 흘리시고
그 마지막 죽음까지 뿌리에게 주는
한 잎 가벼운 낙엽이셨습니다

완전한 봉헌이셨습니다.

너의 연인이 되기 위해

네가 누군지 잘 모르지만
너의 연인이 되기 위해
오늘 나는 꽃 이름 하나를 더 왼다
달빛 잠기는 강을 바라보며
아름다운 시구를 욀 때
내 눈은 더 깊어지고
그만큼 세상을 더 안아들이면
너는 성큼 내 앞에 다가서게 될까

네가 누군지 잘 모르지만
너의 연인이 되기 위해
오늘 나는 별 이름 하나를 더 왼다
바람 부는 숲에서 새소리를 들으며
내가 마음으로 노래 부르면
내 발 앞에 꿈꾸던 낙원이 열리고

그만큼 평화로운 세상 안아들이면
너는 성큼 내 앞에 다가서게 될까.

간절함

그 무엇 하나에 간절할 때는
등뼈에서 피리 소리가 난다

열 손가락과 열 발가락 끝에
푸른 불꽃이 어른거린다

두 손과 손 사이에
깊은 동굴이 열리고
머리 위로
빛의 통로가 열리며
신의 소리가 내려온다

바위 속 견고한 침묵에
온기 피어오르며
자잘한 입들이 오물거리고
모든 사물이 무겁게 허리를 굽히며

제 발등에 입을 맞춘다

엎드려도 서 있어도
몸의 형태는 스러지고 없다

오직 간절함 그 안으로 동이 터 오른다.

폭설

지상의 종이는
모두 검어서
시인은 노래 부르지 못한다

새까만 종이를 붙들고
우는 시인을
바라보는 이 있어

하늘이
하얀 순은의 종이를
검은 시인의 마을에
내리쏟는다

폭설이다.

용서

설악에 눈 내린다
소나무 가지마다 순결의 새집 짓고
하늘에서 천사의 새하얀 웃음이 쏟아져 내린다

나는 그날 증오의 밥 한 그릇 너끈히 때우고
얼굴이 난로처럼 달아오르고 있었는데
인간을 향해 독 묻은 화살을 날리고 있었는데

용서하라
용서하라
용서하라
세속을 잠시 벗어난 설악산에서
자비의 눈을 맞아도 깨치지 못하느냐고
나 앉은 자리 비우라고

아예 종이에는 손도 대지 말라고.

열애

손을 베었다
붉은 피가 오래 참았다는 듯
세상의 푸른 동맥 속으로 뚝뚝 흘러내렸다
잘 되었다
며칠 그 상처와 놀겠다
일회용 밴드를 묶다 다시 풀고 상처를 혀로 쓰다듬고
딱지를 떼어 다시 덧나게 하고
군것질하듯 야금야금 상처를 화나게 하겠다
그래 그렇게 사랑하면 열흘은 거뜬히 지나가겠다
피 흘리는 사랑도 며칠은 잘 나가겠다
내 몸에 그런 흉터 많아
상처 가지고 노는 일로 늙어버려
고질병 류마치스 손가락 통증도 심해
오늘 밤 그 통증과 엎치락뒤치락 뒹굴겠다
연인 몫을 하겠다
입술 꼭꼭 물어뜯어

내 사랑의 입 툭 터지고 허물어져
누가 봐도 나 열애에 빠졌다고 말하겠다
작살나겠다.

너를 위한 노래

동트는 새벽에
시의 첫 줄을 쓰고
불꽃으로 잦아드는 석양에
시의 마지막 줄을 끝내어
어둠 너울대는 강물에 시를 띄운다

어디까지 갈지 나도 몰라
강물 따라 가노라면 너 있는 곳
바로 보이는지 그것도 몰라
다만 나 지금은
내 몸에서 깨어나는 신선한 피
뜨거움으로 일렁이는 처음 떠오르는 말을
하루 한 편의 시로 네게 전하고 싶다

하루 한 편의 시로
광막한 사막의 모래바람 냉정히 떠나보내고

맨발로 자정의 거리 헤매는 광기
고요히 작별하고
머리카락 물에 잠기는 탐욕도
등 문질러 달래고

하루 한 편의 시로
네게 조금씩 다가가
신선한 발자국 소리로 너에게
그윽이 배어들고 싶다

그러기 위해
어둠의 강에 조금씩 내 살 허물고
내 굽은 뼈 사정없이 다듬어서
상아 피리 같은 맑은 혼의 소리를 자아내는
너를 위한 노래 하나쯤 만들고 싶다
네 영혼이 깨어 더듬어 내게 이르는….

너의 이름을 부르면

내가 울 때 왜 너는 없을까
배고픈 늦은 밤에
울음을 참아내면서
너를 찾지만
이미 너는 내 어두운
표정 밖으로 사라져 버린다

같이 울기 위해서
너를 사랑한 건 아니지만
이름을 부르면
이름을 부를수록
너는 멀리 있고
내 울음은 깊어만 간다

같이 울기 위해서
너를 사랑한 건 아니지만.

유안진

방향
양털구름
낙엽이 낙엽에게
가을
비 가는 소리
갈대꽃
들꽃 언덕에서
세한도 가는 길
봄의 미행
동행

방향

한 포기에서도 먼저 피는 꽃이 있다
볕 바른쪽이다

한 나무에서도 더 잘 익는 과일이 있다
당신 쪽이다

한 하늘의 노을도 더 붉은 쪽이 있다
가슴 쓰라린 쪽이다
절두산 부활의 집 쪽.

양털구름

저녁 하늘의 은회색 글자
우리만의 암호 문자로
하나님 몰래 써 보낸
당신의 편지

멋 부려 비껴 꼬불친 필체
손 글씨 두루마리가 구만리라니.

낙엽이 낙엽에게

어느 구도에서나
완벽한 예외이던 너, 그대도
찬란한 악센트이던 그, 저대도
눈부신 초점이고 싶었던 나, 이대도
…
마찬가지였구나

시뻘겋게
싯누렇게 물든 얼룩으로
거무죽죽
푸르딩딩 썩어 파인 자국으로
땅바닥에 엎드려 죗값을 기다리는
우리 모두는
결국 아무것도 아니었구나.

가을

이제는 사랑도 추억이 되어라
꽃내음보다는 마른풀이 향기롭고
함께 걷던 길도 홀로 걷고 싶어라

침묵으로 말하며 눈감은 채
고즈넉이 그려보고 싶어라

어둠이 땅속까지 적시기를 기다려
비로소 등불 하나 켜 놓고 싶어라

서 있는 이들은 앉아야 할 때
앉아서 두 손안에 얼굴 묻고 싶을 때
두 귀만 동굴처럼 길게 열리거라.

유안진

비 가는 소리

비 가는 소리에 잠 깼다
온 줄도 몰랐는데 썰물 소리처럼
다가오다 멀어지는 불협화의 음정

밤비에도 못다 씻긴 희뿌연 어둠으로
아쉬움과 섭섭함이 뒤축 끝에 따라가는 소리,
괜히 뒤돌아다 보는 실루엣 같은 뒷모습의
가고 있는 수묵 빛 밤빗소리,
이 밤이 새기 전에 돌아가야 하는 모양이다

가는 소리 들리니 왔던 게 틀림없지
밤비뿐이랴
젊음도 사랑도 기회도
오는 줄은 몰랐다가 갈 때 겨우 알아차리는
어느새 가는 소리가 더 들린다

왔던 것은 가고야 말지
시절도 밤비도 사람도 모두.

갈대꽃

지난여름 동안
내 청춘이 마련한
한 줄기 강물

이별의 강 언덕에는
그리도 많이 흔들고 있는
손
그대의 흰 손

갈대꽃 피었어라.

들꽃 언덕에서

들꽃 언덕에서 알았다
값비싼 화초는 사람이 키우고
값없는 들꽃은 하느님이 키우시는 것을
그래서 들꽃 향기는 하늘의 향기인 것을
그래서 하늘의 눈금과 땅의 눈금은
언제나 다르고 달라야 한다는 것도
들꽃 언덕에서 알았다.

세한도 가는 길

서리 덮힌 기러기 죽지로
밤하늘을 떠돌던 방황도
오십령 고개부터는
추사체 뻗친 길이다

천명이 일러주는 세한행 그 길이다
누구의 눈물로도 녹지 않는 얼음땅 길을
닳고 터진 알발로
뜨겁게 녹여 가라신다
매웁고도 아린 향기 자오록한 꽃진 흘려서
자옥자옥 붉게붉게 뒤따르게 하라신다.

봄의 미행

눈 내린 들길을 혼자 가는 스님을
발자국 둘이 묵묵히 따라 걷는다
괜히 심통 난 바람이 발길질로 따라가는 겨울 나그네들을
한 오리쯤이나 뒤처져서
아지랑이 새봄이
까치발로 그들을 미행한다.

동행

화살같이 빠르다는 한 세월을
그대 부리가 빨간 젊은 새여

옛 어르신 그 말씀대로
연약한 죽지를 더욱 의지 삼고

느릅나무 높은 가지 하늘 중턱에다
한 개 작은 둥지를 틀고

음악이 모자라도록 춤을 추어 살자
햇발이 모자라도록 웃음 웃어 살자.

최금녀

돌확
이별
강릉
물드무
어미
도라산역
바람에게 밥 사주고 싶다
나 홀로
육필시 한 편
한 줄 혹은 두 줄

돌확

시가 써지지 않아
마당에 서 있을 때
제주에서 온 돌확이 내게 말을 건다

불구덩이 속을 굴러본 적 있니?
천 길 벼랑 아래를 내려다본 적이 있니?

온몸을 숨구멍으로 만들어 본 적 있니?

울퉁불퉁한 돌확
숨구멍마다 거품이 박혔다

불을 빠져나올 때
시커메진 그 얼굴로

숨만 쉬면 시가 나오는 줄 알았니?

불구덩이 속에서 숨구멍을 찾아보라고
내게 말을 건다.

이별

커피잔이 마룻바닥에 떨어졌다
아끼던 것
그는 깨지면서 그냥 물러서지 않았다
벌겋게 충혈된 안개꽃 무늬들
책상다리의 살점을 저며내고
내 손가락에서도 피가 흘렀다

우리는 다시 만날 수 없는
서로 다른 세상의
낯선 기호가 되고 말았다

아끼던 것들은 깨지는 순간에
그처럼
얼굴을 바꾸는구나

순한 이별은 없다.

강릉

그 발로는 시집 못 간다던
내 발

지난여름
동해안 모래밭
시집 못 간다던 그 발뒤꿈치에
펄쩍 뛰어오르던 물결

물드무

물드무엔 늘 물이 가득했다

자식들이 오면 물이 모자라지 않게
옹배기로 길어다 부으시던
어머니,

한 생애, 가없는 수평선만 넘실거렸을
수심 깊은 물살을 들여다본 적이 없었다
볼 겨를이 없었다

몇십 년 만에 무위도를 찾아간다
수평선 가득 물을 품어 안고
한평생 외로이 떠 있는
물 항아리 같은 섬,

물길을 열어 놓고 기다리며

내가 놓친 수평선까지
물을 재우고 있는
섬,
나는 어머니를 향해 떠난다.

어미

품어
굴리고
데워
녹인다

삼백 번 다듬고
삼백 날 촛불 켜도 마음 못 놓아

살점 뜯어 고이고
핏줄기로 기둥 세워
혼을 빚는 어미

어제
오늘
또 내일

무쇠 같은 날들 속으로
불을 안고 달려간다.

도라산역

그믐날, 수색 지나 핸들을 북쪽으로 돌리면
팻말들이 제각기 마중을 나온다
자유로, 파주, 통일전망대, 도라산역, 판문점...
새로 머리를 올린 도라산역은
'돌아가는 역'의 오자가 아닐지,
내 마음속 맞춤 유행가 가락으로
'고향으로 돌아가는 기차역'이라 이름 붙이고
대합실 한 귀퉁이에서 아버지 또래의
함경도 또는 평안도 사투리의 분들과
열차가 조금 늦게 도착하겠다 싶으면
역 뒷마당으로 돌아가
코스모스 까만 종자를 받아 가슴속에 품고
수은등 입김 뿌우연 새벽녘까지라도 기다리고 싶다
세상모르게 잠이 든 도라산역을 지날 때마다
기차 머리를 북쪽으로 돌려 냅다 액셀을 밟고 싶다
내 한숨으로 낡아가는

저 팻말들을 하나하나 껴안고 울고 싶다
자유로야, 파주야, 통일전망대야, 도라산역아... .

바람에게 밥 사주고 싶다

나무들아, 얼마나 고생이 많았느냐
잠시도 너희들 잊지 않았다

강물들아, 울지 마라
우리가 한 몸 되는 좋은 시절이
오고야 말 것이다

바람아, 우리 언제 모여 밥 먹으러 가자
한 솥 밥,
남과 북이 한데 모여 먹는 밥
세상에서 제일 맛있는 밥

그날이 오고 있다
뒤돌아보지 말고
흘러 흘러만 가자.

나 홀로

집에 홀로 있는 날에는 행복하다
시간을 내 곁에서 멀리 보내고
정원의 나무 잎새 한 잎 두 잎 세어보고
하늘도 나 혼자 가지고 놀고
내 마음도 내 마음대로 가지고 놀고,
다음 날에는 더 행복하다
멀리 간 시간이 돌아올 생각 않고
내 마음도 구름 따라 흘러가는 중이고
하나님도 내 어깨에 내려와 조을고 있고.

육필시 한 편

나 살 만큼 살고 시 쓸 만큼 쓰고
컴퓨터 앞에서 물러나는 날
국화 지천일 영안실 한쪽 벽
영정사진 놓는 그 자리에
사진 대신 시인답게
힘주어 쓴 육필 시 한 편 놓으면 어떨까
시가 상좌에 우대받는 사건이 되지 않을까

내 생전에 가까웠던 몇 분이
마지막 나를 배웅하러 오면
서가에 남아 쓸쓸할 내 시집
남기지 말고 정성 들여 포장하여
나누어 드리는 것은 어떨까
내 마지막 영혼의 증표라고…

그렇게 되면 고인이라는 이름 붙지 않은 ,

살아있는 이름으로
시집 한 권 더 상재한 셈이니
총총한 내 영혼의 발걸음도 가벼워지리라.

한 줄 혹은 두 줄

조간朝刊에는 아침마다
창이 열리고
죽은 사람들의 이름이 뜬다

이름깨나 들어본 사람이나
생뚱맞은 사람이나
한 줄 혹은 두 줄

향냄새 훙건한 이름들
기역 니은도 아니고
밥그릇 수대로도 아니고
계급장대로도 아닌 것 같고
평수대로?
그날의 운수대로인가?

유독 향냄새가 짠하게 밀려오는

어떤 이름에선
잠시 침묵하고
한 번 더
그 이름을 불러보며 창을 닫는다

맑은 아침 공기 속에서
죽음들과 자주 만나다 보니
아둔한 나도
그들이 남긴 마지막 말을 알아듣는다

한 줄, 혹은 두 줄이라는 그 말귀를.

허영자

무제
감
자수
완행열차
얼음과 불꽃
은발
투명에 대하여 - 풍선
투명에 대하여 - 숨어있는 투명
무지개를 사랑한 걸 후회하지 말자
마리아 막달라 - 오묘한 섭리

무제 無題

돌 틈에서 솟아나는
싸늘한 샘물처럼

눈밭에 고개 드는
새파란 팟종처럼

그렇게
맑게

또한 그렇게
매옵게.

감

이 맑은 햇살 속에선
누구도 어쩔 수 없다
그냥 나이 먹고 철이 들 수밖에는

젊은 날
떫고 비리던 내 피도
저 붉은 단감으로 익을 수밖에는…

자수 刺繡

마음이 어지러운 날은
수를 놓는다

금실 은실 청홍실
따라서 가면
가슴속 아우성은 절로 갈앉고

처음 보는 수풀
정갈한 자갈돌의
강변에 이른다

남향 햇볕 속에
수를 놓고 앉으면

세사번뇌世事煩惱
무궁한 사랑의 슬픔을

참아 내올 듯

머언
극락정토極樂淨土 가는 길도
보일 성싶다.

완행열차

급행열차를 놓친 것은 잘된 일이다
조그만 간이역의 늙은 역무원,
바람에 흔들리는 노오란 들국화,
숨어있는 쓸쓸한 아름다움을
하마터면 나 모를 뻔하였지

완행열차를 탄 것은 잘된 일이다
서러운 종착역은 어둠에 젖어
거기 항시 기다리고 있거니
천천히 아주 천천히
누비듯이 혹은 홈질하듯이
서두름 없는 인생의 기쁨
하마터면 나 모를 뻔하였지.

얼음과 불꽃

사람은 누구나
그 마음속에
얼음과 눈보라를 지니고 있다

못다 이룬 한의 서러움이
응어리져 얼어붙고
마침내 부서져 푸슬푸슬 흩내리는
얼음과 눈보라의 겨울을 지니고 있다

그러기에
사람은 누구나
타오르는 불꽃을 꿈꾼다

목숨의 심지에 기름이 끓는
황홀한 도취와 투신
기나긴 불운의 밤을 밝힐
정답고 눈물겨운 주홍빛 불꽃을 꿈꾼다.

은발

머리카락에

은발 늘어가니

은의 무게만큼

나

고개를 숙이리.

투명에 대하여 – 풍선

풍선 너는
투명한 공기로 채워져
하늘로 오르지만

누런
욕심으로 채워진 나는
땅만 보고 산다.

투명에 대하여 – 숨어있는 투명

때로는
풀잎에 맺히는 새벽이슬

때로는
잎새에서 굴러떨어지는 물방울

외로이
몇억 광년을 날아온 저 별빛

초록에서 진초록, 진초록에서 유록
그 사이의 시간

히말라야 상상봉의
만년설에 숨어있는 메아리

검은색이 결단코

물들이지 못하는 순수

비손이하는 마음의
간절하고 정직한 슬픔.

무지개를 사랑한 걸 후회하지 말자

무지개를 사랑한 걸 후회하지 말자
풀잎에 맺힌 이슬, 땅바닥을 기는 개미
그런 미물을 사랑한 걸 결코 부끄러워하지 말자
그 덧없음
그 사소함
그 하잘것없음이
그때 사랑하던 때에
순금보다 값지고
영원보다 길었던 걸 새겨두자
눈멀었던 그 시간
이 세상 무엇과도 바꾸지 않을
기쁨이며 어여쁨이었던 것을
길이길이 마음에 새겨두자.

마리아 막달라 — 오묘한 섭리

그림자에는
상처가 없습니다

그늘에서는
상처가 가려집니다

어둠 속에서는
상처가 안 보입니다

눈어리게
빛나는 모든 것 옆에

그림자와 그늘, 그리고
어둠을 두신 당신

오묘한 섭리
따뜻한 창조여.

시인 약력

김여정 Yeo-Jeong Kim

1933 경남 진주 출생
1968 『현대문학』 등단
시집 『화음』(1969) 『겨울새』(1978) 『해연사』(1989) 『봉인 이후』(1995) 『초록묵시록』(2006) 『바람의 안무』(2020) 등 다수
월탄문학상, 한국시인협회상, 대한민국문학상, 공초문학상 등 수상

김후란 Huran Kim

1934 서울 출생
1960 『현대문학』 등단
시집 『장도와 장미』(1967) 『눈의 나라 시민이 되어』(1982) 『우수의 바람』(1994) 『따뜻한 가족』(2009) 『비밀의 숲』(2014) 『고요함의 그늘에서』(2017) 등 다수
한국시인협회상, 월탄문학상, 한국문학상, PEN 문학상 등 수상

신달자 Dal-Ja Shin

1943 경남 거창 출생
1964 『여상』 여류신인문학상으로 등단
1972 『현대문학』 등단
시집 『봉헌문자』(1973) 『아버지의 빛』(1999) 『열애』(2007) 『종이』(2011) 『간절함』(2019) 『전쟁과 평화가 있는 내 부엌』(2023) 등 다수
대한민국문학상, 영랑시 문학상, 공초 문학상, 정지용 문학상

유안진 An-Jin Yoo

1941 경북 안동 출생
1965 『현대문학』 등단
시집 『달하』(1970) 『구름의 딸이요 바람의 연인이어라』(1993) 『봄비 한 주머니』(2000) 『다보탑을 줍다』(2004) 『둥근 세모꼴』(2011) 『터무니』(2021) 등 다수
펜문학상, 정지용 문학상, 한국시인협회상, 목월 문학상 등 수상

최금녀 Keum-Nye Choi

1939 함남 영흥 출생
1962 『자유문학』에 소설로 등단
1999 『문예운동』에 시 등단
시집 『들꽃은 홀로 피어라』(2000) 『내 몸에 집을 짓는다』(2004) 『저 분홍빛 손들』(2006) 『큐비드의 독화살』(2007) 『바람에게 밥 사주고 싶다』(2013) 『기둥들은 모두 새가 되었다』(2022) 등 다수
한국문학비평가 협회상, 펜문학상, 현대시인상, 여성문학상 등 수상

허영자 Yeong-Ja Hur

1938 경남 함양 출생
1962 『현대문학』 등단
시집 『가슴엔 듯 눈엔 듯』(1966) 『어여쁨이야 어찌 꽃 뿐이랴』(1977) 『목마른 꿈으로써』(1997) 『은의 무게만큼』(2007) 『투명에 대하여』(2017) 『마리아 막달라』(2017) 등 다수
한국시인협회상, 월탄문학상, 목월문학상, 허난설헌 문학상 등 수상

엮은이 유한나
Hanna Ryu

『문학과 창작』 시 등단 (2008)
『한국수필』 수필 등단 (2012)
시집 『바람개비 도는 꽃길 언덕에 서 있네』 (2023) 등 네 권
수필집 『라인강에 뜨는 무지개』 (2021) 등 다섯 권
재외동포문학상, 한국해외동포창작문학상
PEN 번역문학상, 민초 해외문학상 대상 수상

너를 위한 노래
한국여성시인 시선집

초판 발행일 | 2024년 2월 23일
글 쓴 이 | 김여정 김후란 신달자 유안진 최금녀 허영자
엮 은 이 | 유한나
펴 낸 곳 | 에디아
주   소 | 04557 서울시 중구 퇴계로37길 14 기종빌딩 6층
전   화 | 02-2263-6321
팩   스 | 02-2263-6322
등록번호 | 제1996-000115호(1996.7.30)

ISBN • 978-89-87977-59-1 03810

*값은 뒤표지에 있습니다.

한국의 대표적인 여성 시인
6인의 주옥같은 시 60편

섬세한 감성과 삶의 통찰력, 자연과 생명에 대한 깊은 이해와 사랑,
삶의 파도를 꿋꿋하게 헤치며 한국 시문학의 길을 걸어온
한국의 대표적인 여성 시인 6인 시선집!

김 여 정 Yeo-Jeong Kim

김 후 란 Huran Kim

신 달 자 Dal-Ja Shin

유 안 진 An-Jin Yoo

최 금 녀 Keum-Nye Choi

허 영 자 Yeong-Ja Hur

ISBN 978-89-87977-59-1
03810

값 10,000원